My First 100 Words in Twi

My First 100 Words in TWI

Auntie Kay

Illustrated with Canva.com

To my dearest boys, who make my heart skip a beat with your precious smiles; you complete my world.
I am forever grateful to your mothers for bringing you into my life.
I love you all. - Your *favorite* Auntie Kay

Copyright © 2020 Auntie Kay
All rights reserved.
ISBN-13: 979-855784-067-5
Visit the author's website at www.auntiekay.com.

Illustration was made using elements of Canva.com.

Dear Parent/Learner,

I am so glad you've decided to use this book to broaden you and/or your child's knowledge of the Twi language. I truly believe that **with consistency and practice**, this book will be a great aid in teaching your little one the basics of Twi. The book is designed as a children's book but it's packed with challenging yet practical vocabulary. The minds of our little ones are often underestimated. The fact is that children can learn a lot more in their first two years of life than they ever will. So do not be afraid to practice the "big" words with them, they will surely surprise you one day.

Here are a few tips on how to **use the book to communicate with your child**;

- Use the "Communication & Expression" section to have practical conversations with your child and teach them to communicate expressively while being respectful.
- Point to a word, say out loud, and then put it into a sentence or act it out.

    Example: When you get to "ATUU," say it out loud and then say something along the lines of; "ma me atuu..." WHILE hugging your little one. This will make it easier for him/her to know the word because it's associated with an action.

My best wishes,

Auntie Kay

NKƆMMƆBƆ NE ATENKA
(COMMUNICATION & EXPRESSION)

Wo ho te sɛn?

MEANING: How are you? This is basically the "Hello" in Twi. It's an easy way to start conversations wherever you are.

Mepaakyɛw

me - paa - kyɛw

MEANING: Please OR Excuse me. Use "mepaakyɛw" when requesting for something, answering or asking a question. ALWAYS use "mepaakyɛw' when speaking with someone older than you.

Me ho yɛ

MEANING: I am fine.
Response to "Wo ho te sɛn?"
It will be a good idea to say
"mepaakyɛw" before this.

Mo! Woayɛ adeɛ!

Mo wo - ayɛ ade - ɛ

MEANING: Good!
You've done well!

Medaase

me - daa - se

MEANING: Thank you!

Me dɔ wo

MEANING: I love you.

Me pɛ wo asɛm

Me pɛ w'a - sɛm

MEANING: I like you.

Wo ho yɛ fɛ

MEANING: You are beautiful.

> *You can also say:*
> Wo din de sɛn?
>
> MEANING: What is your name?

Yɛfrɛ wo sɛn?

Yɛ - frɛ wo sɛn?

> MEANING: What do we call you?
> OR What is your name?

> *You can also say:*
> " Me din de ... "
>
> MEANING: My name is ...

Yɛfrɛ me ...

Yɛ - frɛ me

> MEANING: They call me ...
>
> " Yɛfre me ... " is casual compared to " Me din de ..."

Ɛkɔm de me

MEANING: I am hungry.

REMEMBER! If this is a request, do not forget to say "mepaakyɛw."

Boa me

MEANING: Help me.

REMEMBER! Since this is a request, do not forget to say "mepaakyɛw."

Me ... yɛ me ya

MEANING: my ... hurts.

Express pain you may feel on a part of your body.
For example: Me yam y3 me ya.
MEANS: My stomach hurts.

Bra

MEANING: come.

Kaa wo ho

MEANING: Hurry up.

Gyae

MEANING: Stop.

Daabi

MEANING: No.

Aane

MEANING: Yes.

Me ani agye

M'a - ni agye

Me werɛ aho

wɛ - rɛ

Adɛn?

a - dɛn

MEANING: Why?

ɛhe fa?

MEANING: Where?

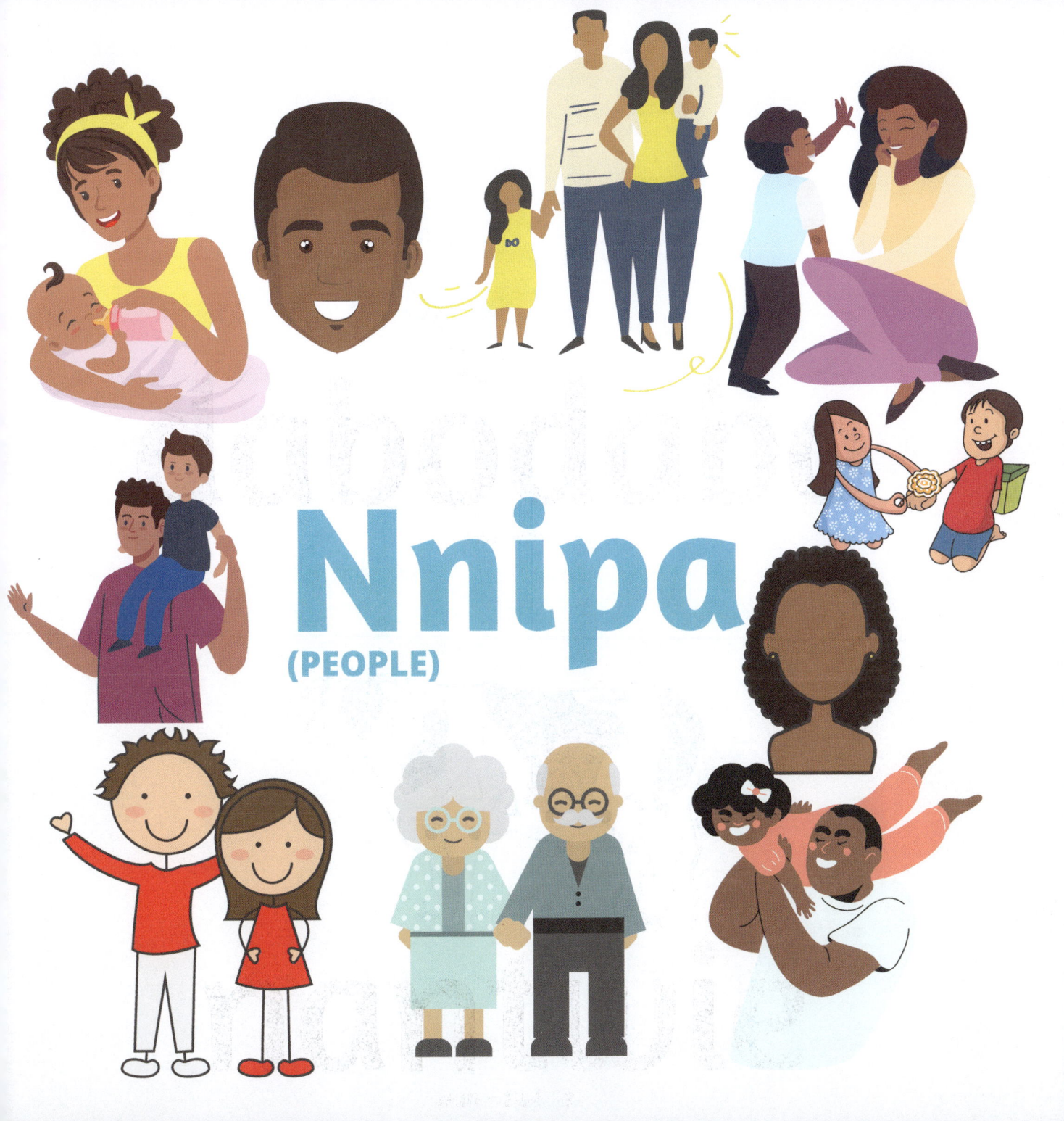

Abusua
abu - sua

MEANING: Friend.

Adamfo
adam - fo

Nana barima
na - na   ba - ri - ma

Nana baa
na - na   baa

Maame
maa - me

Paapa
paa - pa

Sewaa
se – waa

Wɔfa
wɔ – fa

Nua

Nnipa

nni - pa

Nneyεe
(Actions)

yɛnkɔ

yɛn - kɔ

MEANING: let's go

kenkan

ken - kan

MEANING: read

nante

nan - te

ntɛm

n - tɛm

kasa
Ka - sa

tie
ti - e

dede

de – de

dinn

dinn

dware

dwa – re

dwane

dwa – ne

to

to

kye

kye

home

ho - me

da

da

nom
nom

atuu
atuu

ADUANE & FIE NNEƐMA
(FOOD & HOUSEHOLD ITEMS)

mepɛ

me - pɛ

> Since this is a request, do not forget to say "mepaakyɛw"

aduane

adu = a - ne

adi

a – di

brodo

bro – do

Ɛnam
ɛ - nam

Ɛmo
ɛ - mo

kwadu

kwa - du

akutu

aku - tu

kube

ku - be

nkateɛ

n - ka - teɛ

nsuo

n - su - o

kyɛnsen

kyɛn - sen

atere

ate - re

sekan

se - kan

nkwan

n - kwan

efie

e - fie

mpa

m - pa

sumyɛ

sum - yɛ

ntoma

n - to - ma

akongua

a - kon - gua

ahwehwɛ

a - hwɛ - hwɛ

samena

sa - me - na

MMOA
(ANIMALS)

anomaa

ano - maa

afafrantɔ

afa - fra - ntɔ

ɔkraman

ɔ - kra - man

akokɔ

a - ko - kɔ

agyinamoa

agya - n - moa

gyata

gya - a - ta

frog

fr - og

snake

sn - ake

dabodabo

dabo - dabo

nantwie

nan - twi - e

NTAADE
(CLOTHING)

ataade

a - taa - de

"ataade" is a general term used to refer to clothes. It is commonly used for dresses.

mpaboa

m- pa - boa

ɛkyɛ

ɛ - kyɛ

hyɛɛte

hyɛɛ - te

sekɛɛte

se - kɛɛ - te

duku

du - ku

HONAM AKWAA
(BODY PARTS)

ɛhwene

ɛ - hwe - ne

aso

a - so

akoma

a - ko - ma

ɛkɔn

ɛ - kɔn

ani

a - ni

ano

a - no

eti
e - ti

ɛsɛ
ɛ - sɛ

NNEƐMA AFOFORO
(Other Things)

nhwiren

n – hwi – ren

dua

dua

kanea

ka - nea

nhoma

n - ho - ma

Ayekoo

a - ye - koo

MEANING: Well done! OR Good job! OR Congratulations!

Yaaye

yaa - yé

MEANING: Thank you. But this is ONLY said in response to "Ayekoo"

Hi, I'm Auntie Kay. I am a Ghana girl in the heart of Massachusetts. I have lots of nieces and nephews that I adore and are so dear to my heart so I am used to hearing "Auntie" before my name. I wear my Auntie badge very proudly but now and then I pick up a few shifts as Mommy. I've been reading and speaking Twi for as long as I can remember. I started teaching others how to read and write Twi early in my teenage years. I recently decided to widen out and offer my services to anyone who finds it helpful.

Being an Auntie and a per diem mom, I know it is not easy for parents who want to teach your child your native language. For some reason, it is always easier to speak English with them. And between training them, working, and everything in between, there is hardly enough time to teach our little ones. That is why I like to offer my help whenever possible. My kids use to come to my house for their Twi Lessons, but of course, that is hardly possible these days. So why not take the lesson to them?

Printed in Dunstable, United Kingdom